ABRÉGÉ
DE GÉOGRAPHIE,

par Demandes et par Réponses,

PRÉCÉDÉ

DES NOTIONS ÉLÉMENTAIRES TOUCHANT LA SPHÈRE

ET SUIVI

D'Exercices sur les principales Cartes
soit écrites, soit muettes,

À L'USAGE DES ÉCOLES PRIMAIRES ET DES PENSIONS.

PAR J.-D. HAUDE,

ANCIEN INSTITUTEUR DU PREMIER DEGRÉ.

3ᵉ Édition.

CALAIS,

...leux, Imprimeur-Libraire,

RUE ROYALE, N° 7.

1841.

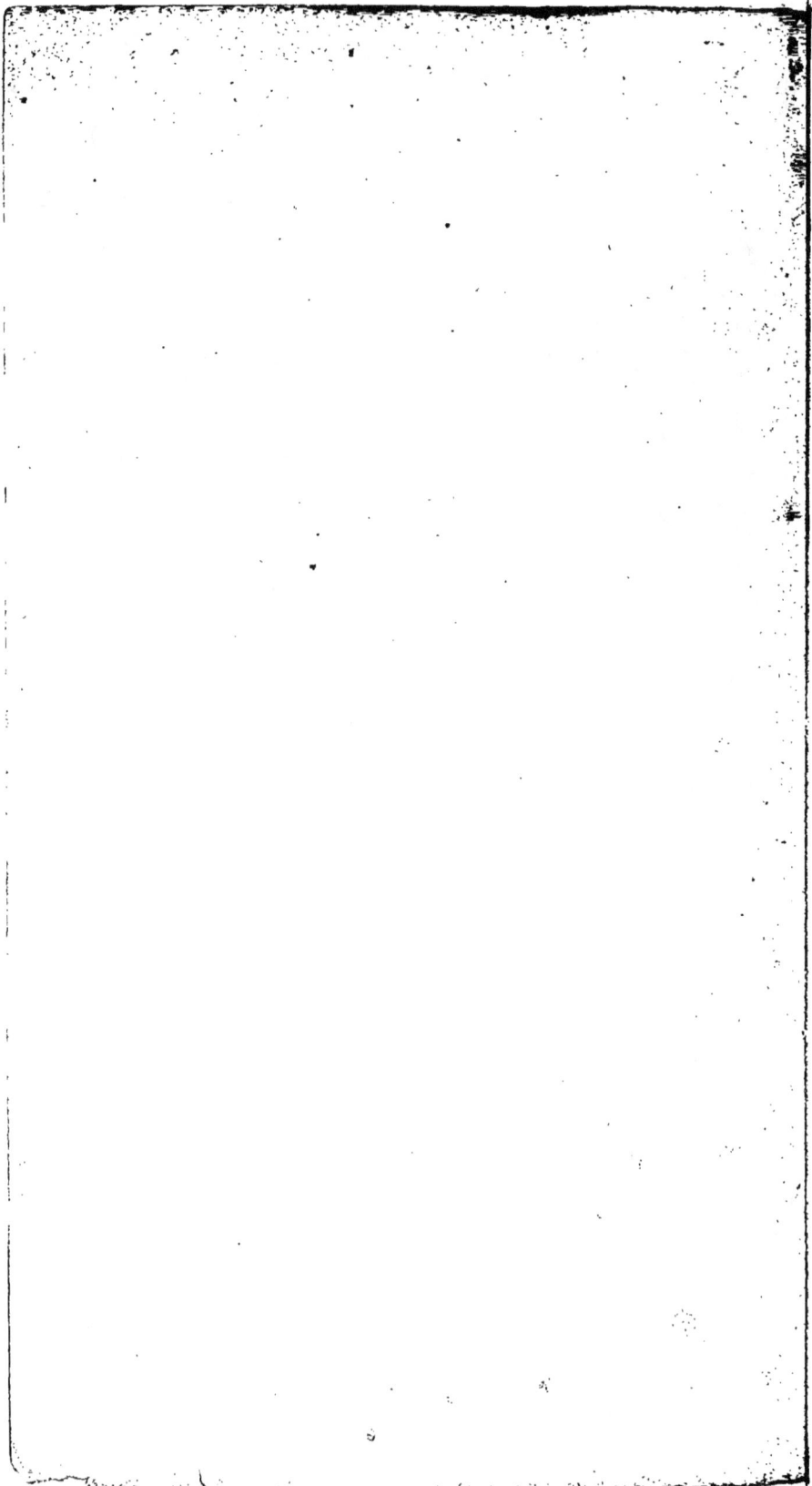

ABRÉGÉ

DE

LA GÉOGRAPHIE,

Par Demandes et par Réponses,

PRÉCÉDÉ DE

NOTIONS ÉLÉMENTAIRES TOUCHANT LA SPHÈRE

ET SUIVI

**DE SEPT EXERCICES SUR LES PRINCIPALES CARTES
SOIT ÉCRITES, SOIT MUETTES,**

A L'USAGE DES ÉCOLES PRIMAIRES ET DES PENSIONS.

PAR J.-D. BAUDE,

ANCIEN INSTITUTEUR DU PREMIER DEGRÉ.

—

3ᵉ édition.

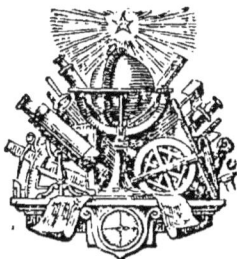

CALAIS.

CHEZ A. LELEUX, IMPRIMEUR-LIBRAIRE DU ROI,

RUE ROYALE, Nº 7.

—

1841.

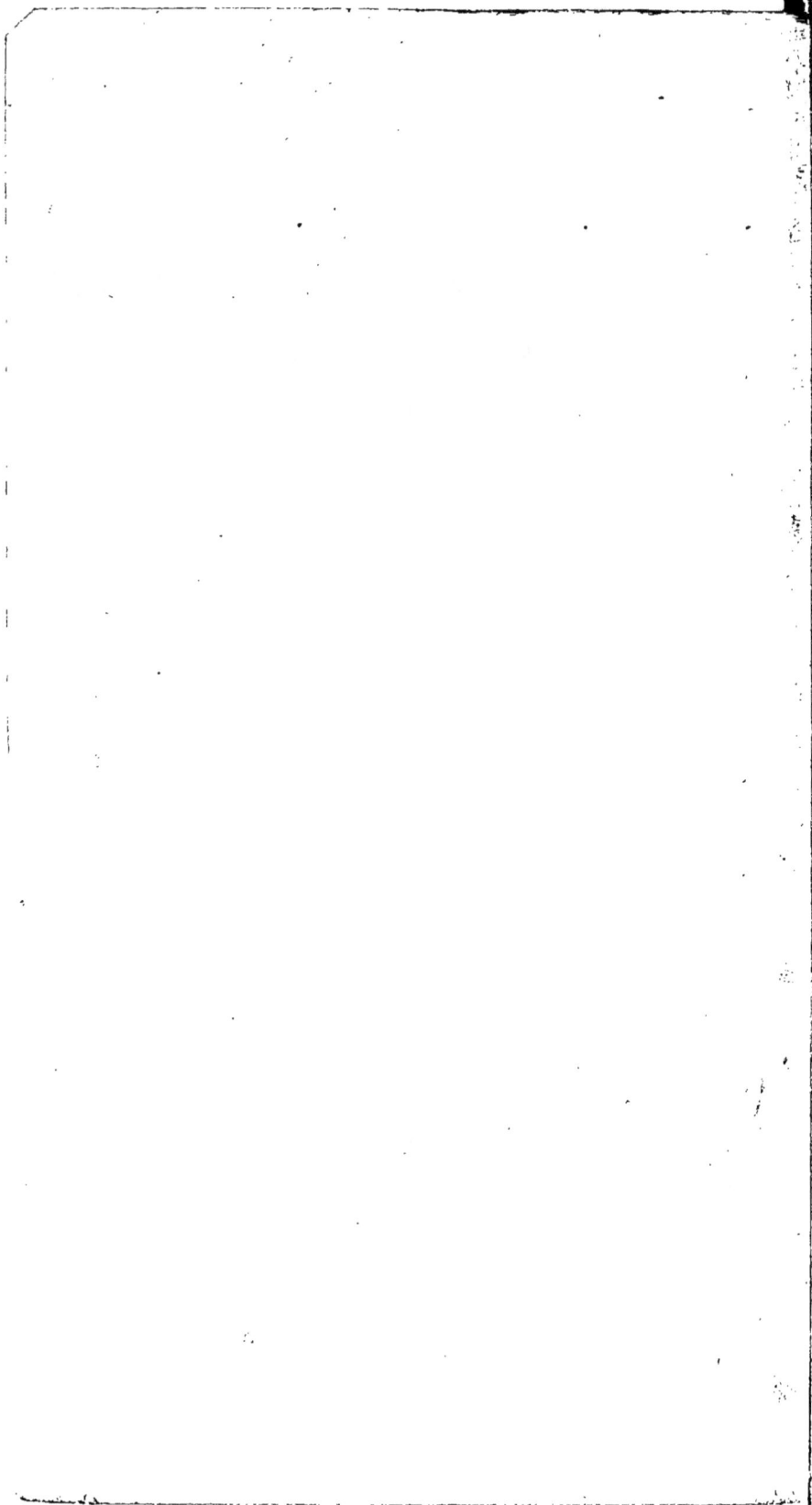

Avant-Propos.

Les instituteurs ont senti, il y a long-temps, le besoin d'une Géographie assez abrégée pour pouvoir être apprise par cœur, attendu que celles qui existent sont, quoiqu'abrégées, hors de la portée des plus heureuses mémoires : l'auteur de celle-ci a si bien rempli leur vœu que la première édition en a été épuisée en peu de mois, et que la deuxième, tirée à trois mille exemplaires, s'est écoulée dans l'espace d'une année.

Cet opuscule, spécialement destiné à l'étude de la carte, contient les grandes divisions du globe, une description exacte et complète de tous les pays du monde. L'auteur, pour ne point surcharger la mémoire des élèves, l'a dégagé d'une foule de notions historiques qui se rattachent à chaque pays; il n'y a laissé que les plus intéressantes. On y trouve néanmoins des notions assez étendues sur l'Europe, notamment sur la France et le département du Pas-de-Calais; elles se trouvent dans les notes, qui ne doivent point être apprises par cœur,

1.

et placées chacune à l'endroit qui lui convient.

Un petit traité de la Sphère précède cet abrégé, et il est suivi de sept Exercices sur les cartes écrites et les cartes muettes, au moyen desquels les maîtres peuvent, aussi souvent qu'ils le désirent, faire parcourir par leurs élèves, en moins de quarante minutes, toutes les régions et toutes les mers du monde, et leur faire indiquer, sur la carte, tous les empires, les royaumes, les républiques, ainsi que leurs capitales, dans toutes les parties du monde; les mers, les golfes, les détroits, les caps, les chaînes de montagnes, les principaux fleuves, les lacs, les volcans, etc.

Ces exercices, qu'on ne trouve point dans les autres géographies par demandes et réponses, font le principal mérite de celle-ci, car il n'est point de procédé plus puissant pour faire faire aux élèves des progrès rapides dans la connaissance de la carte.

Les élèves qui, ayant appris cet abrégé, désireraient acquérir des connaissances géographiques plus étendues, le pourront par la seule lecture des géographies plus volumineuses.

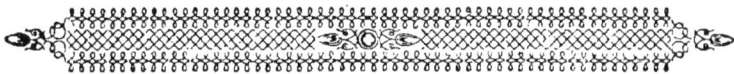

ABRÉGÉ

DE

LA GÉOGRAPHIE.

NOTIONS

GÉNÉRALES ET ÉLÉMENTAIRES TOUCHANT LA SPHÈRE.

PREMIÈRE LEÇON.

DEMANDE. Qu'est-ce que la sphère ?

RÉPONSE. La sphère est un globe rond, composé de plusieurs cercles ; elle sert à représenter ce qui se passe au ciel dans les astres : ces cercles sont au nombre de huit, dont quatre grands et quatre petits.

NOTE. Au milieu de la sphère est une petite boule suspendue qui représente la terre.

D. Quels sont les grands cercles ?

R. Les grands cercles sont : l'équateur, le grand méridien, le zodiaque et l'horizon.

D. Qu'est-ce que l'équateur ?

R. L'équateur est un grand cercle qui divise la sphère en deux parties égales, dont l'une vers le pôle arctique est appelée septentrionale, l'autre vers le pôle antarctique est appelée méridionale.

D. Qu'est-ce que le méridien ?

R. Le grand méridien est un cercle qui partage la sphère en deux parties égales appelées hémisphères, l'un oriental, l'autre occidental, et qui passe par les pôles du monde, par le zénith et le nadir. Chaque lieu de la terre a un méridien particulier.

D. Pourquoi l'appelle-t-on méridien ?

R. Parce qu'il est midi pour tous les peuples qui sont sous ce cercle, quand le soleil vient à y passer.

Note. Le zénith est le point le plus élevé au-dessus de nos têtes; le nadir est le point sous nos pieds diamétralement opposé au zénith.

D. Qu'entendez-vous par les pôles du monde ?

R. Les pôles du monde sont deux points aux extrémités opposées du globe terrestre, dont l'un au nord, s'appelle pôle arctique ou septentrional, l'autre au sud, s'appelle pôle antarctique ou méridional.

Note. Si avec une très-longue aiguille on perce une orange, la faisant passer par son centre, en sorte que l'on puisse en apercevoir les deux bouts, l'aiguille représentera l'axe de la terre sur lequel elle tourne, et les deux bouts de l'aiguille représenteront les pôles.

Les jours et les nuits viennent de ce que la terre tourne chaque jour sur son axe, et présente ainsi au soleil toutes ses régions en vingt-quatre heures, à l'exception des régions polaires où les jours sont beaucoup plus longs.

D. Qu'est-ce que le zodiaque ?

R. Le zodiaque est un cercle qui coupe obliquement l'équateur; sa largeur est supposée être de

4oo lieues ou seize degrés. Dans le zodiaque sont douze amas d'étoiles, représentant plusieurs figures d'animaux ; on les appelle les signes du zodiaque : six sont vers le septentrion, les six autres sont vers le midi.

D. Qu'est-ce que l'écliptique ?

R. C'est une ligne qui divise le zodiaque en deux parties égales dans toute sa longueur : on l'appelle écliptique parce que le soleil, dans son mouvement annuel, ne s'écarte jamais de cette ligne, et que c'est là que se font les éclipses.

D. Quels sont les signes du zodiaque?

R. Ce sont : le bélier ♈ , le taureau ♉ , les gémeaux ♊ , l'écrevisse ♋ , le lion ♌ , la vierge ♍ , la balance ♎, le scorpion ♏, le sagittaire ♐ , le capricorne ♑, le verseau ♒, les poissons ♓.

Note. Ces douze signes répondent aux douze mois de l'année. Le soleil entre au signe du bélier vers le 20 mars ; au mois d'avril il entre au signe suivant, et ainsi de suite dans les autres signes.

D. Qu'est-ce que l'horizon ?

R. Il y a deux sortes d'horizon : l'horizon rationnel est un cercle qui divise la sphère en deux parties égales qu'on nomme hémisphères, dont l'un est supérieur ou visible, et l'autre inférieur ou invisible. L'horizon réel est le cercle qui borne notre vue, il s'étend depuis le point où l'on voit le soleil se lever jusqu'à celui où il se couche.

D. N'y a-t-il pas d'autres grands cercles?

R. Oui, dans la sphère armillaire, les colures sont deux cercles qui se coupent en angles droits aux pôles du monde; l'un s'appelle le colure des équinoxes, l'autre celui des solstices. Ces cercles ne se trouvent point dans la mappemonde.

NOTE. On appelle équinoxes les points où se trouve le soleil vers le 22 mars et le 22 septembre : les jours sont alors aussi longs que les nuits.

On appelle solstices les points où le soleil se trouve vers le 21 juin et le 21 décembre : le premier se nomme solstice d'été, le second solstice d'hiver; ils indiquent le plus long et le plus court jour de l'année.

DEUXIÈME LEÇON.

PETITS CERCLES, ZONES ET POINTS CARDINAUX.

D. Quels sont les petits cercles?

R. Les petits cercles, au nombre de quatre, sont: les deux tropiques et les deux cercles polaires.

D. Quels sont les deux tropiques?

R. Ce sont : 1° le tropique du cancer, au nord de l'équateur, dont il est éloigné de 23 degrés et demi; 2° le tropique du capricorne, au midi de l'équateur, dont il est aussi éloigné de 23 degrés et demi.

D. Nommez les cercles polaires?

R. Ce sont : 1° le cercle polaire arctique, éloigné

du pôle arctique de 23 degrés et demi; 2° le cercle polaire antarctique, éloigné de 23 degrés et demi du pôle antarctique.

D. Qu'appelle-t-on zones?

R. On appelle zones cinq grandes portions du globe terrestre, comprises entre les petits cercles et les pôles.

D. Nommez les cinq zones?

R. Les cinq zones sont: 1" la zone torride, sous l'équateur, entre les deux tropiques; 2° la zone tempérée septentrionale, entre le tropique du cancer et le cercle polaire arctique; 3° la zone tempérée méridionale, entre le tropique du capricorne et le cercle polaire antarctique; 4° la zone glaciale septentrionale, entre le pôle arctique et le cercle polaire arctique; 5° la zone glaciale méridionale, entre le pôle antarctique et le cercle polaire antarctique.

D. N'y a-t-il pas d'autres cercles appelés parallèles?

R. Oui, il y en a trente-deux, dont seize sont parallèles à l'équateur, huit au nord et huit au midi; les seize autres sont parallèles au grand méridien, dont huit à l'est et huit à l'ouest.

D. Quels sont les points cardinaux?

R. Il y en a quatre, qui sont: le septentrion ou le nord; le midi ou le sud; l'orient ou l'est; l'occident ou l'ouest.

Note. Savoir indiquer, soit en plein jour, soit pendant la nuit, où sont les quatre points cardinaux, cela s'appelle s'orienter. On s'oriente pendant la nuit au moyen des étoiles, ou avec la boussole qui est une aiguille émantée, dont la pointe tourne toujours à peu près vers le nord.

D. N'y a-t-il point encore quatre points principaux?

R. Il y a quatre points intermédiaires, qui sont : 1° le nord-est, précisément entre le nord et l'est; 2° le nord-ouest, entre le nord et l'ouest; 3° le sud-est, entre le sud et l'est; 4° le sud-ouest, entre le sud et l'ouest.

D. Où trouve-t-on sur les cartes les quatre points cardinaux?

R. Le septentrion est toujours en haut et le midi en bas; l'orient est à la droite et l'occident à la gauche de celui qui regarde la carte.

D. Combien y a-t-il de sortes de cartes géographiques?

R. Il y en a de deux sortes : les cartes générales et les cartes particulières.

D. Quelles sont les cartes générales?

R. Les cartes générales sont celles qui représentent le globe entier de la terre, ou l'une de ses cinq parties principales. La carte qui représente le globe entier de la terre s'appelle mappemonde ou planisphère.

D. Quelles sont les cartes particulières?

R. Ce sont celles qui représentent un état particulier comme un empire, un royaume, une province.

N. B. On doit dispenser les commençans qui n'ont pas beaucoup de mémoire, d'apprendre de suite par cœur la leçon troisième ci-après.

TROISIÈME LEÇON.

DEGRÉS DE LATITUDE ET DE LONGITUDE.

D. Qu'est-ce que la latitude ?

R. Il y a deux latitudes : la latitude septentrionale, qui s'étend depuis l'équateur jusqu'au pôle arctique, et la latitude méridionale, qui s'étend depuis l'équateur jusqu'au pôle antarctique.

D. Qu'entendez-vous par la longitude ?

R. Il y a deux sortes de longitudes : la longitude orientale, à l'orient du premier méridien, et la longitude occidentale, à l'occident du premier méridien.

D. Qu'entendez-vous par premier méridien ?

R. C'est que chaque peuple a un méridien particulier, d'où il compte la longitude. Le premier méridien des Français a été fixé à l'île de Fer, par une ordonnance de Louis xiii. Maintenant nous comptons la longitude d'après le méridien qui passe à Paris.

D. Où sont écrits sur les cartes les degrés de latitude et de longitude ?

R. Dans la mappemonde, ils sont ordinairement

2

écrits sur l'équateur pour la longitude, et autour de chaque hémisphère pour la latitude. Dans les autres cartes, les degrés de latitude sont écrits à droite et à gauche, ceux de la longitude sont écrits en haut et en bas.

D. Combien compte-t·on de degrés, et quelle est leur étendue ?

R. Le globe terrestre est divisé en 360 parties égales ou degrés, tant pour sa latitude que pour la longitude : l'étendue d'un degré est de 25 lieues communes de France. Chaque degré se divise en 60 minutes, et chaque minute en 60 secondes.

D. Comment indique-t-on la latitude et la longitude d'un lieu quelconque, de la ville d'Ajaccio, par exemple ?

R. La ville d'Ajaccio, dans l'île de Corse, est par 42 degrés 5 minutes de latitude nord, et par 6 degrés 20 minutes de longitude est, méridien de Paris.

Note. C'est-à-dire à 42 degrés 5 minutes de latitude septentrionale, et à 6 degrés 20 minutes de longitude orientale. — Par abréviation on écrit : par 42° 5′ lat. N. et par 6° 20′ long. E.

D. Comment trouve-t-on sur la carte la distance d'un lieu à un autre ?

R. On ouvre un compas de manière à poser en même temps les deux pointes sur chacun des endroits dont on veut connaître la distance ; on porte le compas ainsi ouvert sur l'échelle qui se trouve dans chaque carte, et la distance que l'on cherche est indiquée par les chiffres de l'échelle.

Note. Sur les cartes particulières on peut trouver très-approximativement la distance d'un lieu à un autre; mais sur la mappemonde cela n'est guère possible, surtout pour la longitude, à cause de la réunion de tous les méridiens aux pôles.

Remarque. Comme la terre, tournant sur ses pôles, présente au soleil en vingt-quatre heures les 360 degrés de sa circonférence, il s'ensuit qu'il en passe 15 devant le soleil chaque heure; et que si un endroit est éloigné d'un autre de 15 degrés directement à l'occident, il a midi une heure plus tard que celui qui est de 15 degrés à l'orient.

Ainsi, Vienne en Autriche étant éloigné de Paris de 15 degrés à l'orient, il est midi à Vienne lorsqu'il n'est que onze heures du matin à Paris; et lorsqu'il est midi à Paris, il est déjà une heure du soir à Vienne.

QUATRIÈME LEÇON.

DU GLOBE TERRESTRE ET DE SES PARTIES.

D. Que signifie le mot géographie?

R. Géographie signifie description de la terre.

D. Qu'est-ce que la terre où le globe terrestre?

R. La terre est le globe que nous habitons, et dont la forme est à peu près ronde.

D. Quelle est l'étendue de la terre?

R. La terre a environ neuf mille lieues de tour ou de circonférence; son diamètre est de trois mille lieues : les eaux couvrent plus des deux tiers de sa surface. Ainsi, le globe terrestre a deux parties distinctes : la terre et l'eau.

D. Comment divise-t-on la terre ?

R. La terre se divise en deux parties principales, savoir : l'ancien et le nouveau monde.

D. Que comprend l'ancien monde ?

R. L'ancien monde renferme l'Europe, l'Asie et l'Afrique.

D. Que renferme le nouveau monde ?

R. Le nouveau monde renferme l'Amérique : on l'appelle nouveau monde parce qu'il n'est connu que depuis l'an 1492.

D. Par qui fut-il découvert ?

R. D'abord par Christophe Colomb, génois, et ensuite par Améric Vespuce, florentin, qui lui donna son nom.

D. Comment divise-t-on les eaux ?

Q. Les eaux se divisent en mers, lacs, fleuves et rivières.

TERMES GÉOGRAPHIQUES.

D. Quels sont les principaux termes géographiques relatifs à la terre ?

R. Ce sont : continent, île, presqu'île, isthme, cap, côte, volcan.

D. Qu'est-ce qu'un continent ?

R. Un continent est une vaste étendue de terre

que l'on peut parcourir sans passer la mer; l'Europe, l'Asie et l'Afrique forment un continent, l'Amérique en est un autre.

D. Qu'est-ce qu'une île ?

R. Une île est une portion de terre entourée d'eau de tous côtés.

D. Qu'est-ce qu'une presqu'île ?

R. Une presqu'île ou péninsule, est une portion de terre entourée d'eau, excepté d'un seul côté par où elle tient au continent, comme l'Espagne.

D. Qu'appelle-t-on isthme ?

R. On appelle isthme une langue de terre qui joint ensemble deux continens, ou une presqu'île au continent.

D. Qu'est-ce qu'un cap ?

R. Un cap ou promontoire est une éminence de terre qui s'avance dans la mer; si elle n'a pas beaucoup de hauteur on l'appelle pointe.

D. Qu'est-ce qu'une côte ?

R. On appelle côte la partie de la terre qui borde la mer.

D. Qu'est-ce qu'un volcan ?

R. C'est un gouffre dans la terre ou sur les montagnes, d'où sortent de temps en temps, des tourbillons de feu ou des matières embrasées.

Note. Il y a encore d'autres termes relatifs à la terre : une montagne est une grande masse de terre ou de roche, très-élevée

2.

au-dessûs du niveau de la terre; une montagne très-haute s'appelle pic. Les collines sont de petites montagnes. Une vallée est un espace de terrain compris entre deux montagnes. On appelle vallon un espace de terrain qui se trouve entre deux collines.

CINQUIÈME LEÇON.

TERMES GÉOGRAPHIQUES RELATIFS A L'EAU.

D. Quels sont les termes géographiques relatifs à l'eau?

R. Les termes relatifs à l'eau sont : mer, golfe, détroit, rade, archipel, lac, fleuve, rivière.

D. Qu'est-ce que la mer?

R. La mer est cet énorme assemblage d'eau salée qui couvre les deux tiers du globe terrestre.

D. Comment divise-t-on les eaux de la mer?

R. On les divise en mers extérieures, qui entourent les terres, et en mers intérieures, qui entrent dans les terres ; comme la mer Noire en Europe et la mer Caspienne en Asie.

D. Quelles sont les mers extérieures?

R. Ce sont : 1° la mer du Nord, qui sépare l'Afrique de l'Amérique ; 2° la mer Pacifique ou mer du Sud, à l'occident de l'Amérique ; 3° la mer des Indes au sud de l'Asie ; 4° la mer Glaciale, vers le pôle arctique. On a donné à ces grandes mers le nom d'Océan.

D. Quelle est la partie de la mer que nous appelons plus ordinairement Océan?

R. Nous appelons particulièrement Océan la partie de l'océan occidental, à l'ouest de la France et du Portugal.

D. Qu'est-ce qu'un détroit?

R. On appelle détroit un endroit où la mer est resserrée entre deux terres, comme le Pas-de-Calais.

D. Qu'est-ce qu'un golfe?

R. Un golfe est une partie de la mer qui s'avance considérablement dans les terres. Un petit golfe s'appelle baie; une petite baie s'appelle anse.

D. Qu'appelle-t-on rade?

R. On appelle rade une étendue de mer le long des côtes, où les vaisseaux sont à l'abri de certains vents, et où ils peuvent tenir à l'ancre.

D. Qu'est-ce qu'un archipel?

R. Un archipel est une étendue de mer parsemée d'îles. On nomme particulièrement archipel cette partie de la Méditerranée que les anciens appelaient la mer Égée.

D. Qu'est-ce qu'un lac?

R. C'est un amas considérable d'eaux dormantes, qui n'ont point de communication apparente avec la mer.

D. Qu'est-ce qu'un fleuve?

R. C'est un grand amas d'eaux courantes, souvent

grossi par les eaux de rivières. Les fleuves se déchargent ordinairement dans la mer.

D. Qu'appelle-t-on rivières?

R. Les rivières sont des eaux de sources qui coulent jusqu'à ce qu'elles se déchargent dans d'autres rivières, ou dans des fleuves, ou même dans la mer.

NOTE. La droite et la gauche d'un fleuve ou d'une rivière, sont la droite et la gauche de celui qui les descend.

L'endroit où une rivière tombe dans une autre rivière ou dans un fleuve, s'appelle confluent. On appelle l'embouchure d'un fleuve ou d'une rivière, l'endroit où il se jette dans la mer. Le mouvement de la mer, qui s'avance vers le rivage et se retire deux fois en vingt-quatre heures, s'appelle flux et reflux.

SIXIÈME LEÇON.

GRANDES DIVISIONS DU GLOBE.

D. Comment divise-t-on la terre?

R. La terre se divise en cinq grandes parties appelées les cinq parties du monde, qui sont : l'Europe, l'Asie, l'Afrique, l'Amérique, et l'Océanie qui comprend les îles du grand Océan.

DE L'EUROPE.

D. Quelle est l'étendue de l'Europe?

R. L'Europe a plus de onze cents lieues de longueur, du nord-est à l'ouest, depuis l'extrémité septentrionale de la Russie d'Europe jusqu'au cap Saint-Vincent en Portugal : sa largeur est de neuf cents lieues du nord au sud, depuis le cap Nord en Norwége jusqu'au cap Matapan en Morée.

D. Quelles sont les bornes de l'Europe ?

R. L'Europe est bornée au nord par la mer Glaciale, à l'est par l'Asie, dont elle est séparée par la chaîne des monts Ourals et Poyas, par la mer Noire, la mer de Marmara et l'Archipel ; au sud par la Méditerranée et le détroit de Gibraltar, qui la séparent de l'Afrique ; à l'ouest par l'Océan Atlantique.

NOTE. L'Europe est située entre le 36° et le 71° degré de latitude nord, depuis Gibraltar jusqu'au cap Nord, en Norwége. Sa population est d'environ deux cent douze millions d'habitans. L'Europe est la plus petite des cinq parties de la terre, mais elle en est la plus peuplée, la mieux policée et la plus florissante.

DIVISION DE L'EUROPE.

D. Comment se divise l'Europe ?

R. L'Europe se compose de trois empires, de quinze royaumes, d'une république et de plusieurs petits états.

D. Nommez les trois empires ?

R. Les trois empires sont : 1° l'empire d'Autriche, dont la capitale est Vienne, sur le Danube. Il comprend les anciens royaumes de Hongrie, capitale

Presbourg, et de Bohême, capitale Prague, sur la Muldaw; 2° l'empire Ottoman ou la Turquie, dont la capitale est Constantinople, sur un détroit qui joint la mer Noire à la mer de Marmara; 3° l'empire de Russie, dont la capitale est Saint-Pétersbourg, au fond du golfe de Finlande. Moscou en est l'ancienne capitale.

D. Quels sont les royaumes, en commençant par le nord de l'Europe?

R. Il y en a quatre, qui sont : 1° l'Angleterre, dont la capitale est Londres, sur la Tamise. Ce royaume comprend l'Écosse, capitale Édimbourg, et l'Irlande, capitale Dublin; 2° le Danemarck, capitale Copenhague, dans l'île de Séeland; 3° la Suède jointe à la Norwége, capitale Stockholm, entre le lac Meler et la mer Baltique; 4° la Prusse, capitale Kœnisberg, à l'embouchure de la Prégel, dans la mer Baltique. Berlin, sur la Sprée, autre capitale, et la résidence du roi de Prusse.

Note. La Norwége, qui appartenait au Danemarck, a été réunie à la Suède, par le congrès de Vienne, en 1814.

SEPTIÈME LEÇON.

SUITE DES ROYAUMES DE L'EUROPE.

D. Quels sont les royaumes du milieu de l'Europe?
R. Il y en a six, dont les trois premiers sont : 1°

la France, dont la capitale est Paris, sur la Seine; 2°
les Pays-Bas, capitale Amsterdam, sur le Zuiderzée,
3° la Belgique, royaume érigé en 1831, capitale
Bruxelles.

D. Quels sont les trois autres?

R. Ce sont: 1° la Bavière, capitale Munich, sur
l'Isère; 2° le Wurtemberg, capitale Stuttgard, sur le
Néker; 3° la Saxe, dont la capitale est Dresde.

ROYAUMES AU MIDI DE L'EUROPE.

D. Quels sont les royaumes au midi de l'Europe?

R. Ce sont : 1° l'Espagne, dont la capitale est
Madrid, sur le Mançanarès; 2° le Portugal, capitale
Lisbonne, à l'embouchure du Tage; 3° le royaume
de Naples et Sicile, capitale Naples; 4° la Sardaigne,
capitale Cagliari, dans l'île de Sardaigne; 5° la Grèce,
capitale Nauplie ou Napolie, proche d'Athènes.

Note. La Grèce a été érigée en royaume en 1832; les puissances
européennes l'ayant arrachée à la domination despotique de la
Turquie. Dans la Grèce était jadis les villes si célèbres de Lacédé-
mone et d'Athènes; on y voyait aussi Olympe, Argos, Mycènes et
Corinthe.

D. N'y a-t-il pas en Europe d'autres états que
ceux dont on vient de parler?

R. Il y a encore plusieurs petits états, dont les
plus remarquables sont: 1° le royaume de Pologne,
qui dépend de l'empire de Russie, dont la capitale
est Varsovie; 2° le petit royaume de Hanovre, au

nord de la Hollande; c'était un fief de la couronne d'Angleterre; 3° l'État de l'Église, à l'est de l'Italie, capitale Rome, sur le Tibre; 4° la république Helvétique ou la Suisse, à l'est de la France. Les villes principales sont: Zurich, Lucerne, Berne, Fribourg, Bâle, Soleure, Genève et Lausanne.

CONFÉDÉRATION GERMANIQUE.

La confédération germanique ou du Rhin, se compose de trente-huit membres qui sont: l'empereur d'Autriche, le roi de Prusse, le roi de Saxe, le roi de Wurtemberg, ainsi que les rois de Bavière, du Hanovre, des Pays-Bas et de Danemarck; ces deux derniers à cause de quelques petits états enclavés dans ceux de la confédération; de quinze ducs, de dix princes et d'un landgrave.

HUITIÈME LEÇON.

MERS INTÉRIEURES DE L'EUROPE.

D. Quelles sont les mers intérieures de l'Europe?

R. Ce sont: 1° la mer Blanche, au nord de la Russie; 2° la mer Baltique, entre la Russie et la Suède; 3° la mer Noire, à l'Orient de la Turquie; 4° la mer de Marmara, entre la mer Noire et l'Archipel; 5° la mer d'Azow ou de Zabache, au nord de la mer Noire; 6° la mer Adriatique, à l'est de l'Italie.

DÉTROITS.

D. Quels sont les principaux détroits de l'Europe?

R. Les trois premiers sont : 1° le Sund, entre le Danemarck et la Suède ; 2° le canal de Saint-George, entre l'Angleterre et l'Irlande ; 3° le Pas-de-Calais, entre la France et l'Angleterre.

D. Quels sont les autres détroits ?

R. En voici encore trois : 1° le détroit de Gibraltar, entre l'Espagne et l'Afrique ; 2° le détroit des Dardanelles ou de Gallipoli, qui joint la mer de Marmara à l'Archipel ; 3° le phare de Messine, entre le royaume de Naples et la Sicile.

GOLFES.

D. Quels sont les principaux golfes de l'Europe?

R. Les principaux golfes sont : 1° le golfe de Bothnie et celui de Finlande, dans la mer Baltique ; 2° le golfe de Muray, au nord-est de l'Écosse ; 3° le Zuyderzée, au nord de la Hollande.

D. N'y a-t-il pas d'autres golfes ?

R. Il y en a plusieurs dans la Méditerranée, ce sont : 1° le golfe de Lyon, au sud de la France ; 2° le golfe de Gênes, à l'ouest de l'Italie ; 3° le golfe de Venise, au fond de la mer Adriatique ; 4° le golfe de Tarente, à l'est du royaume de Naples ; 5° le golfe de Lépante, au nord de la Morée.

CAPS.

D. Nommez les principaux caps de l'Europe ?

R. Les principaux caps de l'Europe sont : 1° le cap Nord, au nord de la Norwége, en Suède ; 2° le cap Finistère, au nord-ouest de l'Espagne ; 3° le cap Matapan, au sud de la Morée ; 4° le cap St.-Vincent, au sud-ouest du Portugal.

ÎLES.

D. Nommez les îles les plus remarquables de l'Europe ?

R. Les îles de l'Europe sont : 1° dans la mer Baltique, les îles de Séeland et de Fionie, qui appartiennent au Danemarck ; 2° dans l'océan occidental, l'Angleterre et l'Irlande ; l'Islande et les îles de Féroé au Danemarck ; 3° dans la Méditerranée, les îles Baléares, qui sont : Ivica, Majorque et Minorque, à l'Espagne ; la Corse à la France, la Sardaigne au duc de Savoie ; la Sicile au roi de Naples ; Malte, Candie et les îles de l'Archipel.

D. Nommez les îles qui sont dans l'Océan et dans la Manche ?

R. Proche de la France sont Belle-Ile, les îles d'Oléron, de Ré, de Noirmoutiers, de Croix, de Glenan et d'Ouessant à la France. Dans la Manche : les îles de Jersey et de Guernesey, d'Aurigny et de Wight à l'Angleterre.

NEUVIÈME LEÇON.

PRINCIPAUX FLEUVES ET RIVIÈRES.

D. Nommez les fleuves et les rivières remarquables de l'Europe ?

R. Ce sont : 1° en France, la Seine, la Loire, la Garonne et le Rhône, dont nous ferons connaître le cours au chapitre de la France ; 2° en Angleterre, la Tamise ; 3° en Russie, la Dwina, la Néva, le Dniéper ou Borysthène, la Duna, le Dniester, le Don et le Wolga, 4° en Allemagne, le Rhin, le Danube, le Wéser, l'Elbe et l'Oder.

D. Sont-ce là toutes les rivières ?

R. Il y a encore : 1° en Pologne, la Vistule ; 2° en Espagne, l'Èbre, le Douro, le Tage, le Guadiana et le Guadalquivir ; 3° en Italie, le Pô, l'Adige, l'Arno et le Tibre.

CHAÎNES DE MONTAGNES.

D. Quelle sont les chaînes de montagnes en Europe ?

R. Ce sont : 1° les monts Dophrines, entre la Norwége et la Suède ; 2° les Pyrénées, entre la France et l'Espagne ; 3° les Alpes, entre la France, la Suisse et l'Italie ; 4° les monts Apennins, qui traversent toute l'Italie ; 5° les monts Krapachs, entre la Hongrie et la Pologne ; 6° les monts Ourals et Poxas, entre la Russie d'Europe et la Russie d'Asie.

VOLCANS.

Les trois principaux volcans sont : le mont Hécla, en Islande ; le mont Vésuve, près de Naples ; le mont Etna ou Gibel, en Sicile.

ISTHMES.

Il y a en Europe des isthmes : l'isthme de Corinthe, qui joint la Morée à la Grèce, et l'isthme de Précope, qui joint la Petite-Tartarie avec la Crimée.

LACS.

Les principaux lacs sont : le lac Majeur, en Italie ; ceux de Genève et de Constance, en Suisse ; ceux d'Onéga et de Ladoga, en Russie.

DE LA FRANCE.

NOTIONS PRÉLIMINAIRES TOUCHANT LA FRANCE.

La France et le pays que nous habitons ; elle occupe la partie la plus tempérée de l'Europe, étant située entre le 42° et le 51° 20′ de latitude nord. On trouve en France des métaux, des minéraux, de superbes forêts, et quantité de fleuves qui concourent à la fécondité de son sol.

Le premier roi de France fut Pharamond, en l'an 420. La France s'appelait alors la Gaule : ce fut vers l'an 490 qu'elle prit le nom de France, sous le règne de Clovis Ier. Ses premiers habitans s'appelaient Francs, parce qu'ils étaient venus d'un pays au-delà du Rhin appelé Franconie.

Depuis Pharamond jusqu'à Louis-Philippe Ier, la France a eu soixante-onze rois, qui se divisent en trois races ou dynasties.

La première race, dite des Mérovingiens, tire son nom de Mérovée, troisième roi de France : elle a eu vingt-deux rois.

La deuxième race, dite des Carlovingiens, tire son nom de Charlemagne, qui en a été le second roi : elle a eu treize rois.

La troisième race, dite des Capétiens, doit son nom à Hugues Capet qui en fut le premier roi : elle compte trente-six rois, y compris Louis-Philippe Ier.

La religion catholique romaine domine en France depuis le règne de Clovis son cinquième roi, qui se fit chrétien en l'an 481.

Note touchant Bonaparte. — Depuis l'an 1789, époque de la révolution française, la France se gouvernait en république, lorsque le 18 brumaire an VIII (9 octobre 1799), le général Bonaparte fut proclamé premier consul de la république, peu après consul à vie, enfin empereur des Français, sous le Nom de Napoléon Ier, par un sénatus-consulte du 18 mai 1804.

Napoléon se montra le plus grand capitaine de son siècle. Son règne, qui dura jusqu'au 31 mars 1814, fut illustré par les faits les plus merveilleux : il fit trembler l'Europe entière ; il renversa des trônes, en érigea de nouveaux, et distribua des couronnes à volonté... Après la paix de Tilsit, Napoléon se voyait au comble de la puissance et de la gloire ; il avait dicté des lois aux rois, aux empereurs, et changé à son gré la face de l'Europe ; il se voyait salué du nom de Grand.

Napoléon était empereur des Français, roi d'Italie, protecteur de la confédération du Rhin. Il avait pour alliés les Hollandais, les Bavarois, les Wurtembergeois, les Saxons, les Polonais, les Suisses, les Piémontais, les Italiens, les Napolitains ; il comptait dans l'empire français 131 départemens.

Cependant, après les campagnes désastreuses de Russie et de Dresde, Napoléon n'ayant pu empêcher les armées russe, anglaise et prussienne d'arriver à Paris, fit son abdication et se retira à l'île d'Elbe, au mois d'avril 1814. L'année suivante, les hautes puissances de l'Europe le reléguèrent à l'île de Sainte-Hélène, où il mourut en 1821, et sa dépouille mortelle fut ramenée en France et déposée aux Invalides le 15 décembre 1840.

BORNES ET ÉTENDUE DE LA FRANCE.

D. Depuis quand la monarchie française existe-t-elle ?

R. Depuis l'an 420 de l'ère chrétienne.

D. Quelles sont les bornes de la France ?

R. La France est bornée au nord par la Manche, le Pas-de-Calais et la Belgique ; à l'est par le Rhin, la Suisse, la Savoie et les Alpes ; au sud par la Méditerranée et les Pyrénées qui la séparent de l'Espagne ; à l'ouest par l'Océan Atlantique.

D. Quelle est l'étendue de la France ?

R. L'étendue de la France est d'environ cent quatre-vingts lieues en largeur et de deux cent vingt-cinq lieues en longueur.

PORTS.

D. Quels sont les principaux ports de la France ?

R. Ce sont : 1° dans la Méditerranée, Toulon et Marseille ; 2° dans l'Océan, Bayonne, La Rochelle, Rochefort, Port-Louis et Brest ; 3° dans la Manche, Saint-Malo, Cherbourg, Honfleur, le Havre, Dieppe, Boulogne, Calais, puis Dunkerque sur la mer de Hollande.

COLONIES FRANÇAISES.

D. Quelles sont les colonies françaises ?

R. Ce sont : 1° en Asie, Pondichéri, Chandernagor et Mahé dans la presqu'île occidentale de l'Inde ;

2° En Afrique, l'île Bourbon, à l'est de Madagascar ; le Sénégal, à l'ouest de l'Afrique, vis-à-vis du cap Vert ;

3° En Amérique, la Guianne française, et l'île de Cayenne dans l'Amérique méridionale, à l'est.

4° Dans les petites Antilles, la Guadeloupe, la Martinique, Saint-Pierre et Miquelon, la Désirade, Marie-Galande, etc.

DIXIÈME LEÇON.

DIVISION DE LA FRANCE.

D. Quelle est la division de la France ?

R. La France est divisée en quatre-vingt-six départemens ou préfectures ; chaque département est subdivisé en trois, quatre, cinq ou six arrondissemens communaux ou sous-préfectures.

D. N'y a-t-il point d'autres divisions?

R. La France est encore divisée en 14 archevêchés, en 66 évêchés, en 20 divisions militaires.

On compte en France 27 cours royales, 26 académies et 13 villes où l'on bat monnaie.

NOMS DES DÉPARTEMENS ET DES CHEFS-LIEUX DE PRÉFECTURES.

DÉPARTEMENS.	PRÉFECTURES.
1. De l'Ain.	Bourg-en-Bresse, sur la Reyssousse.
2. De l'Aisne.	Laon, sur une montagne.
3 De l'Allier.	Moulins, sur l'Allier.
4. Des Hautes-Alpes.	Gap, sur la Bêne.
5. Des Basses-Alpes.	Digne, sur la Bléone.
6. De l'Ardèche.	Privas, près du Rhône.
7. Des Ardennes.	Mézières, sur la Meuse.
8. De l'Arriège.	Foix, sur l'Arriège.
9. De l'Aube.	Troyes, sur la Seine.
10. De l'Aude.	Carcassonne, sur l'Aube.
11. De l'Aveyron.	Rhodez, près de l'Aveyron.
12. Des Bouches-du-Rhône.	Marseille, port sur la Méditerranée.
13. Du Calvados.	Caen, sur l'Orne.
14. Du Cantal.	Aurillac, sur la Jordane.
15. De la Charente.	Angoulême, sur une montagne.
16. De la Charente-Inférieure.	La Rochelle, port sur l'Océan.
17. Du Cher.	Bourges, sur l'Auron.
18. De la Corrèze.	Tulles, sur la Corrèze.
19. De la Corse.	Ajaccio, port de mer.
20. De la Côte-d'Or.	Dijon, entre les rivières d'Oache et de Suzon.
21. Des Côtes-du-Nord.	Saint-Brieux, près de la mer.
22. De la Creuse.	Guéret, sur la Gartempe.
23. De la Dordogne.	Périgueox, sur l'Isle.
24. Du Doubs.	Besançon, sur le Doubs.
25. De la Drôme.	Valence, sur le Rhône.
26. De l'Eure.	Evreux, sur l'Iton.

DÉPARTEMENS.	PRÉFECTURES.
27. D'Eure-et-Loir.	Chartres, sur l'Eure.
28. Du Finistère.	Quimper, sur l'Odet.
29. Du Gard.	Nimes, dans une belle plaine.
30. De la Haute-Garonne.	Toulouse, sur la Garonne.
31. Du Gers	Auch, sur une montagne.
32. De la Gironde.	Bordeaux, à l'embouchure de la Garonne.
33. De l'Hérault.	Montpellier, sur une colline.
34. D'Ile-et-Vilaine.	Rennes, sur la Vilaine.
35. De l'Indre.	Châteauroux, snr l'Indre.
36. D'Indre-et-Loire.	Tours, sur la Loire.
37. De l'Isère.	Grenoble, sur l'Isère.
38. Du Jura.	Lons-le-Saolnier, sur la Vaille.
39. Des Landes.	Mont-de-Marsan, sur la Midouze.
40. De Loir-et-Cher.	Blois, sur la Loire.
41. De la Loire.	Montbrison, sur la Vizezi.
42. De la Haute-Loire.	Le Puy, sur la montagne d'Anis.
43. De la Loire-Inférieure.	Nantes, à l'embouchure de la Loire.
44. Du Loiret.	Orléans, sur la Loire.
45. Du Lot.	Cahors, sur le Lot.
46. De Lot-et-Garonne.	Agen, sur la Garonne.
47. De la Lozère.	Mende, sur le Lot.
48. De la Manche.	Saint-Lô, sur la Vire.
49. De la Marne.	Châlons, sur la Marne.
50. De la Haute-Marne.	Chaumont, sur la Marne.
51. De Maine-et-Loire.	Angers, sur la Mayenne.
52. De la Mayenne.	Laval, sur la Mayenne.
53. De la Meurthe.	Nancy, sur la Meurthe.
54. De la Meuse.	Bar, sur l'Ornain (Bar-le-Duc).
55. Du Morbihan.	Vannes, sur un canal.
56. De la Moselle.	Metz, sur la Moselle.
57. De la Nièvre.	Nevers, sur la Loire.
58. Du Nord.	Lille, sur la Deule.
59. De l'Oise.	Beauvais, sur le Thérain.
60. de l'Orne.	Alençon, sur la Sarthe.
61. Du Pas-de-Calais.	Arras, sur la Scarpe.
62. Du Puy-de-Dôme.	Clermont-Ferrand, sur l'Artier.
63. Des Hautes-Pyrénées.	Tarbes, sur l'Adour.
64. Des Basses-Pyrénées.	Pau, sur le Gave-de-Pau.
65. Des Pyrénées-Orientales.	Perpignan, sur le Tet.
66. Du Haut-Rhin.	Colmar, sur l'Ill.

67. Du Bas-Rhin.	Strasbourg, sur l'Ile.
68. Du Rhône.	Lyon, sur la Saône et le Rhône.
69. De la Haute-Saône.	Vesoul, près du Durgeon.
70. De Saône-et-Loire.	Mâcon, sur la Saône.
71. De la Sarthe.	Le Mans, sur la Sarthe.
72. De la Seine.	Paris, sur la Seine.
73. De la Seine-Inférieure.	Rouen, sur la Seine.
74. De Seine-et-Marne.	Melun, sur la Seine.
75. De Seine-et-Oise.	Versailles, à quatre lieues de Paris.
76 Des Deux-Sèvres.	Niort, sur la Sèvre Niortoise.
77. De la Somme.	Amiens, sur la Somme.
78. Du Tarn.	Albi, sur le Tarn.
79. Du Tarn-et-Garonne.	Montauban, sur le Tarn.
80 Du Var.	Draguignan, sur l'Artuby.
81. De Vaucluse.	Avignon, sur le Rhône.
82. De la Vendée.	Bourbon-Vendée, sur la rivière d'Yonne.
83. De la Vienne.	Poitiers, sur le Clain.
84 De la Haute-Vienne.	Limoges, sur la Vienne.
85. Des Vosges.	Épinal, sur la Moselle.
86. De l'Yonne.	Auxerre, au bord de l'Yonne.

COURS DES QUATRE GRANDES RIVIÈRES.

D. Quel est le cours de la Seine ?

R. La Seine prend sa source dans le département de la Côte-d'Or; elle passe à Troyes, à Paris, à Mantes, et se perd dans la Manche, vis-à-vis du Havre-de-Grâce.

D. Quelles rivières reçoit la Seine ?

R. La Seine reçoit la Marne au-dessus de Troyes et l'Oise un peu au-dessous.

D. Quel est le cours de la Loire ?

R. La Loire a sa source dans le département de l'Ardèche; elle passe à Nevers, à Orléans, à Blois, à Tours, à Saumur et à Nantes; elle se jette dans l'Océan.

D. Quelles rivières reçoit la Loire?

R. La Loire reçoit l'Allier, au-dessous de Nevers, puis sur sa gauche le Cher, l'Indre et la Vienne; plus bas elle reçoit encore la Mayenne, la Sarthe et le Loir.

D. Quel est le cours de la Garonne?

R. La Garonne a sa source dans les Pyrénées; elle passe à Toulouse, à Agen et à Bordeaux; elle prend le nom de Gironde après s'être jointe à la Dordogne au-dessous de Bordeaux, et se jette dans l'Océan.

D. Quelles rivières reçoit la Garonne?

R. La Garonne reçoit le Tarn au-dessous de Toulouse, le Lot au-dessous d'Agen et la Dordogne au-dessous de Bordeaux.

D. Quel est le cours du Rhône?

R. Le Rhône prend sa source au mont Saint-Gothard, en Suisse; il passe à Genève, à Lyon, à Vienne, à Valence, à Avignon, à Arles, et se jette dans la Méditerranée par plusieurs bouches.

D. Quelles sont les rivières que reçoit le Rhône?

R. Le Rhône reçoit la Saône à Lyon, ensuite l'Isère et la Durance.

DÉPARTEMENT DU PAS-DE-CALAIS.

D. D'où le département du Pas-de-Calais tire-t-il son nom ?

R. De la ville de Calais qui donne son nom au détroit qui le sépare de l'Angleterre ; il est borné au midi par le département de la Somme, à l'est et au nord-est par le département du Nord, à l'ouest et au nord par le Pas-de-Calais.

D. Quelles sont les principales villes de ce département ?

R. Les principales villes sont : Arras, sur la Scarpe, ville forte et chef-lieu de préfecture ; Boulogne, port de mer ; Saint-Omer, ville forte, sur l'Aa ; Montreuil, sur la Canche ; Béthune et Saint-Pol, qui sont cinq chefs-lieux de sous-préfecture ; elles ont chacune un tribunal de première instance.

D. Combien y a-t-il de cantons dans le département ?

R. Il y a dans le département du Pas-de-Calais quarante-trois cantons, et autant de justices de paix.

D. Combien de tribunaux de commerce ?

R. Il y en a quatre qui sont établis à Boulogne, Calais, Saint-Omer et Arras. La cour d'Assises siége à Saint-Omer.

Note. La direction du timbre et de l'enregistrement compte dans le département du Pas-de-Calais 59 bureaux ; l'inspection des forêts en compte 21.

On compte encore dans ce département : 143 notaires royaux, 166 percepteurs des contributions directes, 21 bureaux de postes aux lettres, et 32 relais de postes aux chevaux.

Le département comprend 903 communes ; sa population est de 642,960 habitans.

ONZIÈME LEÇON.

DE L'ASIE.

D. Qu'est-ce que l'Asie ?

R. L'Asie est la partie du monde la plus célèbre ; elle a été le berceau du genre humain ; le premier homme y fut créé.

NOTE. L'Asie a été le siége des plus anciennes monarchies : des Assyriens, des Mèdes, des Perses et des Parthes ; elle a aussi été le berceau des sciences et des arts Les quatre principales religions ont pris naissance en Asie : la Juive, la Payenne, la Chrétienne et la Mahométane.

D. Quelles sont les bornes de l'Asie ?

R. L'Asie est bornée au nord par la mer Glaciale ; à l'est par le grand Océan ; au midi par la mer des Indes ; à l'ouest par l'Europe, la Méditerranée, l'isthme de Suez et la mer Rouge.

D. En combien de parties divise-t-on l'Asie ?

R. L'Asie se divise en six parties principales, qui sont : 1° la Turquie d'Asie, 2° l'Arabie, 3° la Perse, 4° l'Inde, 5° la Chine, 6° la grande Tartarie.

D. Où est située la Turquie d'Asie.

4

R. La Turquie d'Asie est située au sud de la mer Noire ; on y trouve la Natolie, capitale Smyrne ; la Syrie, capitale Alep ; et Jérusalem en Palestine ; le Diarbeck, capitale Diarbékir.

D. Où est située l'Arabie ?

R. L'Arabie est située entre la mer Rouge et le golfe Persique : on y trouve Suez, capitale de l'Arabie pétrée, la Mecque dans l'Arabie déserte, et Médine, où est le tombeau de Mahomet ; dans l'Arabie heureuse, Sana, et Moka, port.

D. Qu'est-ce que la Perse ?

R. La Perse est un beau pays, situé au nord-est du golfe Persique ; sa capitale est Téhéran.

D. Qu'est-ce que l'Inde ?

R. L'Inde se compose de deux grandes presqu'îles au sud de l'Asie : la presqu'île occidentale et la presqu'île orientale. Dans la presqu'île occidentale se trouve l'ancien empire du Mogol, capitale Délhi ; à l'ouest est la côte de Malabar ; on y trouve Goa, le plus beau port de l'Asie.

D. Quels sont les établissemens des Français dans cette presqu'île ?

R. Ce sont : Mahé, sur la côte de Malabar ; Chandernagor et Pondichéri, sur la côte de Coromandel, à l'est.

NOTE. La compagnie anglaise des Indes est pour ainsi dire souveraine de ces immenses pays ; ses principaux établissemens sont Calcutta, Madras et Bombay.

La presqu'île orientale comprend les royaumes d'Ava, de Pégu, de Laos, de Siam, de Cochinchine et de Camboie, qui ont pour capitales des villes du même nom, et le royaume de Tonquin, capitale Kécho. La mine de diamans, la plus riche que l'on connaisse, se trouve dans l'ancien royaume de Golconde, qui fait partie du Mogol; les perles les plus belles qui soient au monde, se pêchent sur la côte de Coromandel, vers le cap Comorin.

D. Qu'est-ce que la Chine?

R. C'est un vaste empire à l'est de l'Asie, dont la capitale est Pékin, proche de la mer Jaune. Nankin, ancienne capitale de la Chine, est la plus grande ville du monde. Une muraille de 5oo lieues de longueur, bâtie par les Chinois pour prévenir les incursions des Tartares, sépare la Chine de la Tartarie chinoise.

D. Qu'est-ce que la Tartarie?

R. La grande Tartarie est une vaste contrée au nord de l'Asie; elle comprend la Russie d'Asie qui renferme la Sibérie occidentale, capitale Tobolsk, et la Sibérie orientale, capitale Irkoutsk. On trouve au sud-ouest la Géorgie et la Circassie; enfin la Tartarie indépendante, capitale Samarcande.

D. Où est situé l'isthme de Suez qui joint l'Asie à l'Afrique?

R. L'isthme de Suez est situé entre la mer Méditerranée et la mer Rouge, qu'on appelle aussi golfe Arabique.

ÎLES DE L'ASIE.

D. Quelles sont les îles de l'Asie ?

R. Ce sont : dans la Méditerranée, Chypre et Rhodes aux Turcs ; dans la mer des Indes, les îles Laquédives, les Maldives et l'île de Ceylan. Toutes les autres îles attribuées autrefois à l'Asie, font maintenant partie de l'Océanie, cinquième partie du monde.

PRESQU'ÎLES.

D. Quelles sont les presqu'îles de l'Asie ?

R. Ce sont : 1° l'Arabie, entre la mer Rouge et le golfe Persique ; 2° les deux presqu'îles de l'Inde ; 3° la presqu'île de Malaca ; 4° la Corée, au nord-est de la Chine ; 5° la presqu'île de Kamtchatka.

GOLFES.

D. Quels sont les principaux golfes de l'Asie ?

R. Ce sont : 1° le golfe Arabique ou mer Rouge ; 2° le golfe Persique ; 3° le golfe de Bengale ; 4° le golfe de Siam, à l'est de la presqu'île de Malaca ; 5° le golfe de Cochinchine, à l'est de la presqu'île orientale de l'Inde.

MERS.

D. Quelles sont les mers qui environnent l'Asie ?

R. Ce sont la mer Rouge, la mer des Indes, la mer de la Chine, la mer Jaune ou mer de Corée, la mer de Kamtchatka, la mer de Kara et la mer de

Béhéring au nord-est; dans l'intérieur de l'Asie on trouve la mer Caspienne.

CAPS ET DÉTROITS.

D. Nommez les caps remarquables de l'Asie?

R. Les caps les plus remarquables sont : le cap Rasalgate, au sud-est de l'Arabie, et le cap Comorin, au sud de la presqu'île occidentale de l'Inde.

D. Nommez les principaux détroits?

R. Les principaux détroits sont : le détroit d'Ormus qui joint le golfe Persique à la mer des Indes, le détroit de Malaca, entre l'île de Sumatra et la presqu'île de Malaca, le détroit de la Sonde, entre Sumatra et Java; et au nord, le détroit de Béhéring qui sépare l'Asie de l'Amérique.

FLEUVES.

D. Quels sont les principaux fleuves de l'Asie?

R. Dans la Tartarie sont : le Léna, le Jéniséa et l'Oby, qui se perdent dans la mer Glaciale; le Hoang et le Kiang, qui se jettent dans la mer de la Chine; dans la Turquie d'Asie, l'Euphrate et le Tigre, qui se perdent dans le golfe Persique; l'Indus, dont l'Inde tire son nom, traverse la presqu'île occidentale et tombe dans la mer des Indes; le Gange a sa source dans le Thibet et son embouchure dans le golfe du Bengale.

MONTAGNES.

NOTE. Les principales montagnes sont : le mont Caucase, entre la mer Noire et la mer Caspienne, le mont Taurus dans la Turquie d'Asie et la Perse, le mont Ararath en Arménie, les montagnes du Thibet au nord de l'Inde, qui sont les plus élevées du globe, les Gattes dans la presqu'île occidentale de l'Inde : on remarque encore le mont Sinaï dans l'Arabie pétrée.

DOUZIÈME LEÇON.

DE L'AFRIQUE.

D. Qu'est-ce que l'Afrique ?

R. L'Afrique est une grande presqu'île, bornée au nord par la Méditerranée et le détroit de Gibraltar, à l'est par la mer Rouge et la mer des Indes, au sud et à l'ouest par le grand Océan : elle tient à l'Asie par l'isthme de Suez.

D. Comment divise-t-on l'Afrique ?

R. En septentrionale au nord de l'équateur, et en méridionale au sud de l'équateur.

D. Quels sont les principaux pays de l'Afrique septentrionale ?

R. Ce sont : 1° la Guinée, capitale Benin; 2° la Nigritie, où sont Tombut et Bornou; 3° le Sahara ou grand Désert, et le Biled-ul-dgérid vers la Barbarie; 4° la Barbarie, le long de la Méditerranée; elle renferme l'empire de Maroc, capitale Maroc, avec les royaumes de Fez et de Tafilet qui en dépendent; la régence d'Alger, conquise par la France en 1830; les royaumes de Tunis et de Tripoli; 5° l'Égypte; dont la capitale est le Caire, sur le Nil; 6° la Nubie; 7° l'Abyssinie, où sont les royaumes d'Adel et de Magadoxo; et la république de Brava.

Note. La superbe ville de Carthage, autrefois l'ennemie irréconciliable de Rome et sa malheureuse rivale, était à deux lieues de Tunis : il n'en reste presque plus de vestiges.

D. Quels sont les principaux pays de l'Afrique méridionale?

R. Ce sont : 1° au sud, le pays des Hottentots; 2° le Monomotapa; 3° la Cafrerie; 4° le Congo, à l'ouest de la Cafrerie.

GOLFES.

Note. L'Afrique n'a qu'un golfe remarquable, celui de Guinée.

DÉTROITS.

D. Quels sont les détroits de l'Afrique ?

R. L'Afrique a deux détroits remarquables, qui sont : le détroit de Bab-el-Mandeb, entre l'Abyssinie et l'Arabie, et le canal de Mozambique entre l'île de Madagascar et l'Afrique.

CAPS.

D. Quels sont les principaux caps ?

R. Les plus remarquables sont : 1° le cap Guardafui, à l'est; 2° le cap de Bonne-Espérance, au sud; 3° le cap Vert, à l'ouest.

ÎLES.

D. Quelles sont les îles de l'Afrique?

R. Ce sont, à l'est, l'île de Socotora, l'île de Madagascar, l'île de France aux Anglais, et l'île Bourbon aux Français : à l'ouest sont les îles du cap Vert; les îles de Gorée et de Saint-Louis à l'embouchure du Sénégal, à la France; l'île de Madère aux Portugais, l'île de Sainte-Hélène aux Anglais; les îles Canaries.

FLEUVES.

D. Nommez les principaux fleuves?

R. 1° Le Nil, qui a sa source dans l'Abyssinie, traverse la Nubie et l'Égypte et se perd dans la Méditerranée; 2° le Niger et le Sénégal qui ont leur source dans la Nigritie et se jettent dans l'Océan. Ces trois fleuves débordent chaque année et fertilisent les pays qu'ils arrosent; ils nourrissent beaucoup de crocodiles.

MONTAGNES.

Note. Les montagnes remarquables de l'Afrique sont : 1° le mont Atlas, d'où l'Océan Atlantique tire son nom, et dont la chaîne s'étend dans la Barbarie, depuis l'Océan occidental jusqu'à l'Égypte; 2° la montagne des Lions, entre la Nigritie et la Guinée; 3° les monts de la Lune, dans la Nigritie.

TREIZIÈME LEÇON.

DE L'AMÉRIQUE.

D. Qu'est ce que l'Amérique?

R. L'Amérique est un vaste continent environné de tous côtés par le grand Océan. On divise l'Amérique en septentrionale et en méridionale, qui forment deux grandes presqu'îles jointes ensemble par l'isthme de Panama.

D. Quels pays sont compris dans l'Amérique septentrionale?

R. Ce sont : 1° au nord, le Labrador ou Nouvelle-Bretagne, aux Anglais; 2° le Canada, découvert par les Français et cédé aux Anglais; sa capitale est Québec; 3° la Nouvelle-Écosse ou Nouvelle-Galles, au centre; 4" l'Amérique russe au nord-ouest.

D. Nommez les autres pays de l'Amérique septentrionale?

R. Au milieu, 1° les États-Unis, capitale Washington; la Louisiane, capitale la Nouvelle-Orléans, est comprise dans la république des États-Unis; 2° le Mexique ou Nouvelle-Espagne, capitale Mexico; 3° la presqu'île de la Floride, etc.

AMÉRIQUE MÉRIDIONALE.

D. Quels pays sont compris dans l'Amérique méridionale?

R. Ce sont, au nord-ouest, 1° la Colombie, autrefois la Nouvelle-Grenade, capitale Santa-Fé-de-Bo-
gota; Vénézuéla ou Terre-Ferme, capitale Caracas;
2° le Pérou, capitale Lima; 3° le pays de la Plata,
capitale Buénos-Ayres; 4° le Chili, capitale Saint-Iago;
Bolivia, capitale Chuquisaga; Paraguai, capitale
Assomption; tous ces pays, autrefois appartenant à
la couronne d'Espagne, ont secoué le joug de la
métropole, se sont déclarés indépendans et forment
diverses républiques; 5° la Patagonie ou Terre
Magellanique; 6° le Brésil, capitale Rio-Janeiro,
aux Portugais; 7° la Guiane, divisée en Guiane
anglaise, Guiane hollandaise et Guiane française;
Cayenne est la capitale de la Guiane française; 8° le
pays des Amazones, vers l'équateur.

ÎLES.

D. Quelles sont les îles de l'Amérique septentrionale?

R. Ce sont : 1° l'île de Terre-Neuve; 2° les îles
Açores aux Portugais; 3° les Lucayes, à l'est de la
Floride; 4° les Grandes-Antilles, qui sont : Cuba, la
Jamaïque, Saint-Domingue, Portorico; 5° dans la
mer des Caraïbes, les Petites-Antilles, la Martinique,
la Guadeloupe, etc.

D. Quelles sont les îles de l'Amérique méridionale?

R. Ce sont, au sud, les îles Malouines et la Terre-de-Feu ; à l'ouest, l'île de Chiloé, à l'extrêmité méridionale du Chili.

PRESQU'ÎLES.

NOTE. Il y a en Amérique trois presqu'îles remarquables, dont deux s'avancent dans le golfe du Mexique : la Floride et Yucatan ; la Californie, à l'ouest de la mer Vermeille.

GOLFES.

D. Quels sont les golfes de l'Amérique ?

R. L'Amérique septentrionale a trois golfes remarquables : celui de St.-Laurent, celui du Mexique, et la mer Vermeille. On trouve aussi deux grandes baies au nord : la baie de Baffin et celle d'Hudson.

DÉTROITS.

D. Nommez les principaux détroits ?

R. Les détroits sont : celui de Davis et celui d'Hudson, au nord de l'Amérique septentrionale, et le détroit de Magellan, au sud de l'Amérique méridionale.

CAPS.

D. Quels sont les caps remarquables de l'Amérique?

R. Ce sont : le cap Breton, à l'est du Canada ; le cap de la Floride, au sud de la presqu'île ; le cap des Corrientes, près du Mexique ; le cap de Saint-Augustin, à la pointe la plus orientale ; le cap Horn, au sud de la Terre-de-Feu.

LACS.

D. Nommez les lacs de l'Amérique ?

R. Il y a cinq grands lacs dans l'Amérique septentrionale, qui sont : le lac Supérieur, le Michigan, le Huron, le lac Érié et le lac Ontario ; le fleuve Saint-Laurent traverse ces cinq lacs.

FLEUVES.

D. Quels sont les fleuves de l'Amérique septentrionale ?

R. Ce sont, dans le Canada, le fleuve Saint-Laurent, qui se jette dans le golfe de Saint-Laurent ; dans la Louisiane, le Missouri, l'Ohio, et le Mississipi qui arrose la Floride et se perd dans le golfe du Mexique.

D. Quels sont les fleuves de l'Amérique méridionale ?

R. Ce sont : la rivière des Amazones, le plus grand fleuve du monde ; l'Orénoque, le Rio-de-la-Plata, dans le Paraguai ; ces trois fleuves se perdent dans l'Océan.

MONTAGNES.

D. Nommez les montagnes de l'Amérique ?

R. Les montagnes sont : dans l'Amérique septentrionale, les Apalaches, entre les États-Unis et le Canada ; et dans l'Amérique méridionale, les Cordilières du Pérou à l'ouest, et les Cordilières du Brésil à l'est.

QUATORZIÈME LEÇON.

DE L'OCÉANIE.

D. Qu'est-ce que l'Océanie ?

R. L'Océanie est la cinquième partie du monde, qui comprend toutes les îles répandues dans le grand Océan, à l'exception de quelques-unes très-voisines du continent.

D. Quelles sont les îles les plus remarquables de l'Océanie ?

R. Ce sont : 1° la Nouvelle-Hollande, île presque aussi grande que l'Europe ; 2° la Nouvelle-Guinée ; 3° les îles de la Sonde, qui sont : Sumatra, Bornéo et Java ; 4° la Nouvelle-Zélande, près de laquelle sont les antipodes de Paris.

D. Comment divise-t-on l'Océanie ?

R. On divise l'Océanie en deux parties distinctes, séparées par l'équateur : toutes les îles situées au nord de l'équateur composent la Polinésie boréale ; toutes celles qui sont situées au sud de l'équateur composent la Polinésie australe.

D. Combien compte-t-on d'archipels dans l'Océanie ?

R. On compte dans l'Océanie treize archipels : 1° l'archipel de Magellan, au sud du Japon ; 2° celui d'Anson ; 3° celui des Larrons ; 4° celui des îles

5

Philippines; 5° celui des Carolines; 6° celui des Moluques et des îles de la Sonde; 7° celui de la Nouvelle-Bretagne; 8° celui de la Reine Charlotte; 9° celui de la Société; 10° celui de Roggewein; 11° celui de Mandana; 12° celui de la Mer-Mauvaise; 13° l'archipel Dangereux.

NOTE. Les autres îles sont attribuées à la partie du monde qu'elles avoisinent : ainsi les îles du Japon sont attribuées à l'Asie, les Antilles à l'Amérique, etc.

Remarque.

Les géographes divisent l'Océanie de diverses manières, plusieurs en font trois parties ainsi qu'il suit :

1° L'Australie, qui comprend : 1° la Nouvelle-Hollande, île presque aussi grande que l'Europe; 2° la Nouvelle-Guinée ; 3° la Nouvelle-Zélande ; 4° la terre de Diémen et quantité d'autres îles.

2° L'archipel indien, qui comprend : 1° les îles Philippines, dont la plus considérable est Manille ; 2° les îles Moluques, dont les principales sont Célèbes et Amboine, qui appartiennent à la Hollande ; 3° les îles de la Sonde, qui sont : Sumatra, Bornéo et Java. Batavia, capitale de l'île de Java, est le chef-lieu des établissemens hollandais dans les Indes-Orientales.

3° La Polynésie, qui comprend : 1° les Nouvelles-Hébrides, les îles des Navigateurs; 2° les îles des Amis, découvertes en 1643 ; 3° les îles Sandwich, découvertes en 1779. Ces îles sont célèbres par la mort du capitaine Cook, anglais, qui y fut assassiné ; 4° l'île d'Otaïti, dont les habitans, doux et affables aux étrangers, sont presque tous chrétiens ; 5° les îles Mariannes, découvertes par Magellan en 1521.

Nоте. Quoique cette division soit bonne , l'auteur de cet opuscule a pensé que la première, en deux parties séparées par l'équateur, devait être mise en demandes et réponses, comme étant la plus simple et la plus naturelle.

EXERCICES

Sur les Cartes écrites et les Cartes muettes.

PREMIER EXERCICE.

SUR LA MAPPEMONDE.

Où est le pôle arctique,—le pôle antarctique ?

Où est le nord ,—le sud,—l'est,—l'ouest ?

Où est le nord-est,—le nord-ouest,—le sud-est, —le sud-ouest ?

Où est l'équateur ,—le méridien ?

Où est le tropique du cancer,—le tropique du capricorne ?

Où est le cercle polaire arctique, — le cercle polaire antarctique ?

Où est la zone torride, — la zone tempérée septentrionale, — la zone tempérée méridionale, — la zone glaciale septentrionale, — la zone glaciale méridionale ?

Où est l'hémisphère oriental, — l'hémisphère occidental ?

Où est l'Europe, — l'Asie, — l'Afrique, — l'Amérique, — l'Amérique septentrionale, — l'Amérique méridionale ?

Où est l'isthme de Panama, — l'isthme de Suez ?

Où est l'Océan Atlantique, — l'Océan austral, — l'Océan boréal ?

Où est la mer des Indes, — la mer Glaciale septentrionale, — la mer Glaciale méridionale ?

Nota. Dès que les élèves commencent à connaître la carte écrite, chaque exercice doit se répéter sur la carte écrite et sur la carte muette alternativement.

DEUXIÈME EXERCICE.

CARTE DE L'EUROPE.

Quelles sont les bornes de l'Europe, — trouvez-les ?

Où est l'empire d'Autriche, — où est Vienne ?

Où est l'empire ottoman, — sa capitale ?

Où est l'empire de Russie, — sa capitale ?

Où est l'Angleterre, — l'Écosse, — l'Irlande ?

Où est la capitale de l'Angleterre, — la capitale de l'Écosse, — 'la capitale de l'Irlande?

Où est le Danemarck, — sa capitale?

Où est la Suède, — sa capitale.?

Où est la Prusse, — sa capitale?

Où est la France, — Paris?

Où est le royaume des Pays-Bas, — Amsterdam?

Où est la Belgique, — Bruxelles?

Où est la Bavière, — Munich?

Où est le Wurtemberg, — Stuttgard?

Où est la Saxe, — Dresde?

Où est l'Espagne, — Madrid?

Où est le Portugal, — Lisbonne?

Où est le royaume de Naples, — Naples?

Où est la Sicile, — Palerme?

Où est la Sardaigne, — Cagliari?

Où est la Grèce, — la Morée?

Où est l'État de l'Église, — Rome?

Où est la Suisse, — Berne, — Fribourg, — Genève?

Où est la Confédération Germanique?

Mers intérieures.

Où est la mer Baltique, — la mer Blanche, — la mer Noire, — la mer d'Azow, — la mer de Marmara?

Caps.

Où est le cap Nord, — le cap Finistère, — le cap Saint-Vincent, — le cap Matapan?

5.

TROISIÈME EXERCICE.

CARTE DE L'EUROPE.

Où est le détroit du Sund, — le Pas-de-Calais, — le canal de Saint-George, — le détroit de Gibraltar, — le Phare de Messine, — le détroit des Dardanelles?

Golfes.

Où est le golfe de Bothnie, — de Finlande, — d'Édimbourg, — de Muray, — de Zuyderzée?

Où est le golfe de Lyon, — de Gênes, — de Venise, — de Tarente, — de Lépante?

Iles.

Où sont les îles de Féroé, — où est l'Islande, — l'île de Séeland?

Où sont les îles Baléares, — Ivica, — Majorque, — Minorque?

Où est la Corse, — l'île d'Elbe, — la Sardaigne, — la Sicile, — Malte, — Candie?

Dans l'Océan.

Où est l'île d'Oléron, — l'île de Ré, — l'île de Noirmoutiers, — l'île de Croix, — l'île de Glenan, — l'île d'Ouessant?

Où sont les îles de Jersey, — de Guernesey, — d'Aurigny, — de Wight?

Où sont les îles de l'Archipel?

Montagnes.

Où sont les Dophrines, — les Pyrénées, — les Alpes, — les monts Apennins, — les monts Krapachs, — les monts Ourals et Poyas ?

Volcans.

Où est le mont Hécla, — le mont Etna, — le mont Vésuve ?

Rivières et Lacs.

ANGLETERRE. — Où est la Tamise ?

RUSSIE. — Où est la Dwina, — le Don, — le Wolga, — le Dniéper ou Borystène, — le Dniester, — la Duna, — la Néva ?

ALLEMAGNE. — Où est le Rhin, — le Danube, — le Wéser, — l'Elbe ?

POLOGNE. — Où est la Vistule ?

ESPAGNE. — Où est l'Èbre, — le Douro, — le Tage, — le Guadiana, — le Guadalquivir ?

ITALIE. — Où est le Pô, — l'Adige, — l'Arno, — le Tibre ?

SUISSE. — Où est le lac de Genève, — le lac de Constance, — le lac Majeur ?

RUSSIE. — Où est le lac Onéga, — le lac Ladoga, — le Peipous ?

Isthmes et Presqu'îles.

Où est l'isthme de Corinthe, — la presqu'île Morée,

Où est l'isthme de Précope, — la presqu'île de Crimée ?

QUATRIÈME EXERCICE.

CARTE DE FRANCE.

Bornes.

Quelles sont les bornes de la France, — trouvez-les ?

Où est la Manche, — le Pas-de-Calais, — la Belgique ?

Où est le Rhin, — la Suisse, — la Savoie, — les Alpes ?

Où est la Méditerranée, — l'Espagne ?

Où est l'Océan Atlantique ?

Ports de la Méditerranée.

Où est Toulon, — Marseille ?

Ports dans l'Océan.

Où est Bayonne, — La Rochelle, — Rochefort, — Port-Louis, — Brest ?

Ports dans la Manche.

Où est Saint-Malo, — Cherbourg, — Honfleur, — le Havre-de-Grâce ?

Où est Dieppe, — Boulogne, — Calais ?

Où est Dunkerque ?

Quelques Départemens et leurs Chefs-Lieux.

Où est le département de la Seine, — Paris ?

Où est le département de Seine-et-Oise, — Versailles?

Où est le département du Nord, — Lille?

Où est le département du Pas-de-Calais,—Arras?

Où est le département des Hautes-Pyrénées, — Tarbes?

Où est le département des Basses-Pyrénées,—Pau?

Où est le département du Finistère,—Quimper?

Où est le département du Morbihan, — Vannes?

Où est le département du Haut-Rhin,—Colmar?

Où est le département du Bas-Rhin ,—Strasbourg?

Îles.

NOTE. Mêmes questions que celles de l'exercice précédent , pour l'île de Corse, l'île d'Elbe , et les six premières îles de l'Océan. Quant aux colonies françaises, les élèves pourront les indiquer en réunissant les cartes d'Asie , d'Afrique et d'Amérique , lorqu'ils auront étudié ces cartes. Les questions se trouvent ci-après , à la fin du septième exercice.

Rivières.

Où est la Seine,—son embouchure,— sa source?

Où est la Loire,—son embouchure,—sa source?

Où est le Rhône,—son embouchure,—sa source?

Où est la Garonne,—son embouchure,—sa source?

CINQUIÈME EXERCICE.

CARTE DE L'ASIE.

Quelles sont les bornes de l'Asie ,— montrez-les?

Où est la Turquie d'Asie, — l'Arabie, — la Perse,
—l'Inde, — la Chine, — la Grande-Tartarie ?

Où est la presqu'île orientale de l'Inde, — la
presqu'île occidentale ?

Subdivisions.

Turquie d'Asie.—Où est la Natolie, —Smyrne ?

Où est la Syrie, — Alep, —la Palestine, —Jérusalem ?

Où est le Diarbeck, —Diarbékir ?

Arabie.—Où est l'Arabie pétrée, —Suez ?

Où est l'Arabie déserte, —la Mecque ?

Où est l'Arabie heureuse, —Sana ?—où est Moka ?

La Perse.—Où est la Perse, —Téhéran ?

L'Inde.—Où est le Mogol, —Delhi ?

Où est la côte de Malabar, — la côte de Coromandel ?

Où est le royaume de Siam, — le royaume de Cochinchine, — le royaume de Camboie, — le royaume
de Tonquin ?

La Chine. —Où est Pékin, — Nankin, — la muraille de 500 lieues de longueur ?

La Tartarie. — Où est la Russie d'Asie, —la Sibérie occidentale, —Tobolsk, —la Sibérie orientale,
—Irkoutsk ?

Où est la Tartarie indépendante, —Samarcande ?

Où est l'isthme de Suez ?

Iles.

DANS LA MÉDITERRANÉE. — Où est l'île de Chypre, — l'île de Rhodes?

DANS LA MER DES INDES. — Où sont les îles Laqué-dives, — les Maldives; — l'île de Ceylan?

Presqu'îles.

Où est l'Arabie, — la presqu'île occidentale de l'Inde, — la presqu'île orientale, — la presqu'île de Malaca, — la Corée, — la presqu'île de Kamtchatka?

Golfes.

Où est le golfe Arabique (mer rouge), — le golfe Persique, — le golfe de Bengale, — le golfe de Siam, — le golfe de Cochinchine?

Mers.

Où est la mer Caspienne, — la mer Rouge, — la mer des Indes, — la mer de la Chine, — la mer Jaune, la mer de Kamtchatka, — la mer de Kara, — la mer de Béhéring?

Détroits et Caps.

Où est le détroit d'Ormus, — le détroit de Malaca, — le détroit de la Sonde, — le détroit de Béhéring?

Où est le cap Rasalgate, — le cap Comorin?

Fleuves.

DANS LA TARTARIE. — Où est le Léna, — l'Oby, — le Jéniséa, — le Hoang, — le Kiang?

DANS LA TURQUIE D'ASIE.—Où est l'Euphrate,—le Tigre?

DANS L'INDE.— Où est l'Indus,—le Gange?

Montagnes.

Où est le mont Caucase, — le mont Taurus, — le mont Ararath, — le Thibet, — les Gattes, — le mont Sinaï?

SIXIÈME EXERCICE.

CARTE DE L'AFRIQUE.

Quelles sont les bornes de l'Afrique,—montrez-les?

Où est l'Afrique septentrionale,—l'Afrique méridionale?

AFRIQUE SEPTENTRIONALE.— Où est la Guinée,— Benin?

Où est la Nigritie,—Tombut,—Bornou?

Où est le Sahara ou grand Désert?

Où est le Biled-ul-dgérid?

Où est la Barbarie, — Maroc, — Fez, — Alger, — Tunis,—Tripoli?

Où est l'Égypte,—la Nubie,—l'Abyssinie?

AFRIQUE MÉRIDIONALE. — Où est le pays des Hottentots,—le Monomotapa,—la Cafrerie,—le Congo?

Détroits et Golfes.

Où est le détroit de Bab-el-Mandeb, — le canal de Mozambique,—où est le golfe de Guinée?

Caps.

Où est le cap Vert, — le cap Guardafui, — le cap de Bonne-Espérance?

Iles.

Où est l'île de Socotora, — l'île de Madagascar, — l'île de France, — l'île Bourbon?

Où sont les îles du cap Vert, — les îles Canaries, — les îles de Gorée et de Saint-Louis?

Où est l'île de Madère, — l'île de Sainte-Hélène?

Fleuves et Montagnes.

Où est le Nil, — le Niger, — le Sénégal?

Où est le mont Atlas, — la montagne des Lions?

Où sont les monts de la Lune?

SEPTIÈME EXERCICE.

CARTE DE L'AMÉRIQUE.

Où est l'Amérique septentrionale, — l'Amérique méridionale?

Où est le Labrador, — le Canada, — Québec, — la Nouvelle-Écosse ou Nouvelle-Galles, — l'Amérique russe?

Où sont les États-Unis? — Washington?

Où est la Louisiane, — la Nouvelle-Orléans, — le Mexique, — Mexico, — la Floride?

AMÉRIQUE MÉRIDIONALE.—Où est la Colombie,—le Pérou,—Lima,—le Paraguai,—Buénos-Ayres,—le Chili,—la Patagonie?

Où est le Brésil, — Rio-Janeiro, — le pays des Amazones, — la Guiane anglaise, — la Guiane hollandaise,—la Guiane française,—Cayenne?

Où est l'isthme de Panama?

Iles.

Où est l'île de Terre-Neuve, — où sont les îles Açores,—les îles Lucayes,—les Grandes-Antilles?

Où est Cuba,—la Jamaïque,—Saint-Domingue ou Haïti,—Porto-Rico?

Où sont les Petites-Antilles?

AMÉRIQUE MÉRIDIONALE. — Où sont les îles Malouines,—où est la Terre-de-Feu,—l'île de Chiloé?

Presqu'îles.

AMÉRIQUE SEPTENTRIONALE. — Où est la Floride, —Yucatan,— où est la Californie?

Golfes et Baies.

AMÉRIQUE SEPTENTRIONALE.—Où est le golfe Saint-Lourent,—le golfe du Mexique,—la mer Vermeille, —le golfe de Panama?

Où est la baie d'Hudson,—la baie de Baffin?

Détroits.

Où est le détroit d'Hudson,—le détroit de Davis, —le détroit de Magellan?

Caps.

Où est le cap Breton,—le cap de la Floride,—le cap des Corrientes,—le cap Saint-Augustin ?

Où est le cap Horn ?

Lacs.

Où est le lac Supérieur,—le Michigan,—le Huron,—le lac Érié,—le lac Ontario?

Fleuves.

AMÉRIQUE SEPTENTRIONALE. — Où est le fleuve Saint-Laurent,—le Mississipi ?

AMÉRIQUE MÉRIDIONALE. — Où est la rivière des Amazones,—le Rio-de-la-Plata ?

Montagnes.

ÉTATS-UNIS ET CANADA.—Où sont les Apalaches ?

AMÉRIQUE MÉRIDIONALE.—Où sont les Cordilières du Pérou,—les Cordilières du Brésil ?

OCÉANIE.

Où est la Polynésie boréale, — la Polynésie australe ?

Principales Iles.

Où est la Nouvelle-Hollande, — la Nouvelle-Guinée,—Sumatra,—Bornéo,—Java,—la Nouvelle-Zélande ?

Principaux Archipels.

Où est l'archipel de Magellan, — l'archipel des îles Philippines, — l'archipel des îles Marianes ou des Larrons, — l'archipel des îles Carolines, — l'archipel des Moluques ?

COMPLÉMENT DU QUATRIÈME EXERCICE.

Colonies françaises.

AFRIQUE. — Où est l'île Bourbon, — le Sénégal ?
Où sont les îles de Gorée et de Saint-Louis ?

AMÉRIQUE. — Où est la Guiane française, — Cayenne ?

Où est la Guadeloupe, — la Martinique ?

Où est l'île de Saint-Pierre et Miquelon, — la Désirade, — Marie-Galande ?

Établissemens français dans l'Inde.

PRESQU'ÎLE OCCIDENTALE. — Où est Mahé, — Chandernagor ?

Où est Pondichéry ?

TERRES POLAIRES ARCTIQUES.

Où est le Spitzberg, — où est le Groënland, — où est la Nouvelle-Zemble ?

APPENDICE.

PRODUCTION DES COLONIES FRANÇAISES,

Leur population et leur situation topographique,

D'APRÈS LA LONGITUDE DU MÉRIDIEN DE PARIS.

Colonies d'Amérique.

LA MARTINIQUE. — Le territoire de la Martinique est arrosé par environ quarante rivières : il se divise en 21,882 hectares de terres cultivées, 20,000 hectares de bois, 17,200 hectares de prairies artificielles, 16,800 hectares de terres sans valeur.

Les récoltes de l'île, qui se réunissent dans les diverses usines, offrent annuellement un produit de 21,500,000 francs. Les usines sont au nombre de 2,040, dont 407 sucreries, 893 caféteries, 114 cotonneries, 80 cacaoteries, 102 distilleries de rhum, 444 moulins à sucre.

La Martinique est située par 14° 23′ latitude nord, et 62° 18′ longitude ouest (longitude du méridien de Paris). Sa population est de 9,410 blancs, 18,832 gens de couleur, 80,753 esclaves, en tout 108,995 habitans.

6.

On y compte environ 24,000 têtes de bétail.

La Guadeloupe. — Cette île renferme environ 24,000 hectares de terres cultivées. Sa population est d'environ 10,600 blancs, 10,772 gens de couleur, 90,750 esclaves; en tout environ 112,122 habitans.

Les dépendances de la Guadeloupe sont : Marie-Galande, la Désirade, les Saintes, la partie orientale de l'île de Saint-Martin.

Marie-Galande contient 11,652 habitans et 310 établissemens ruraux.

La Désirade comprend 1,266 habitans et 64 établissemens ruraux.

Les Saintes possèdent 1,159 habitans et 71 établissemens.

Saint-Martin contient 3,725 habitans et 51 établissemens.

Le produit des récoltes de la Guadeloupe et de ses dépendances est évalué annuellement à 28,000,000 de francs.

La Guadeloupe est située entre 15° 59′ 30″ et 16° 40′ latitude nord, 63° 20′ et 64° 9′ long. ouest.

La Guiane française.—Cette colonie produit en abondance le fer, la manganèse et des pierres précieuses de plusieurs espèces. Son vaste et fertile territoire ne compte que 8,000 hectares de terres en culture, dont le revenu annuel est d'environ 200 mille francs.

La population totale de la Guiane française est d'environ 17,340 habitans, dont 1,035 blancs, 2,640 gens de couleur et 13,665 esclaves.

Cette colonie est située entre les 10° 50' et 50° 50' latitude nord, 50° 40' et 58° 35' longitude ouest. Cayenne, capitale de la Guiane française, se trouve dans l'île de Cayenne, très-proche de la côte de la Guiane.

LES ÎLES DE SAINT-PIERRE ET DE MIQUELON.—Elles sont situées au sud-ouest du banc de Terre-Neuve, par 58° 34' longitude ouest, et 47° de latitude nord.

Le climat de ces îles est rigoureux, elles ne sont occupées que pour la pêche : leur population, hors cette époque, est d'environ 875 habitans.

Colonies d'Asie.

DANS L'INDE (PRESQU'ÎLE OCCIDENTALE).

PONDICHÉRY, situé par 11° 52' latitude N. et 77° 15' longitude E. Le sol y est fertile, la rade est sûre et commode. Il y a des fabriques de toiles dites Guinées et de mousselines. La population est de 40,000 habitans sans la banlieue.

KARIKAL, à 120 kilomètres de Pondichéry, et dans les mêmes conditions que cette ville.

YANAOU, dépendant de Pondichéry, ainsi que Karikal.

CHANDERNAGOR, situé par 22° 51' latitude N. et

86° 9′ longitude O., est à 32 kilomètres de Calcutta.

Mahé, sur la côte de Malabar, par 11° 52′ de latitude N. O. et 72° 15′ de longitude.

La population de cet établissement est d'environ 20,000 habitans.

Colonies d'Afrique.

SÉNÉGAL OU SÉNÉGAMBIE ET DÉPENDANCES.

Ile de Saint-Louis, par 16° 5′ de latitude N. et 18° 45′ de longitude O. Le sol est stérile, le port est vaste et très-sûr.

Ile de Gorée, à 2 kilomètres du cap Vert et 160 kilomètres N. O. de Saint-Louis. Sol stérile; population, 6,000 habitans.

Les îles de *Babagué, Safal, Ghimbar,* formées par le Sénégal.

Sur la côte du Sénégal, l'*Escale du Désert,* à 160 kilomètres N. de Saint-Louis. C'est là que se tient le marché à la gomme.

Bakel, à 100 myriamètres environ en remontant le Sénégal, Dagana, Makana.

La population totale de ces établissemens est de 20,000 habitans environ, dont 17,000 esclaves, 200 nègres et mulâtres libres, le reste blanc.

Il n'y a guère plus de 200 hectares en culture.

Ile Bourbon.—Elle est située entre 20° 50′ et 21° 24′ latitude sud, 52° 26′ et 53° 35′ longitude est:

Le sol est volcanique et montueux. Le piton des neiges s'élève à 3,000 mètres au-dessus du niveau de la mer; le climat y est magnifique.

L'île Bourbon compte 16,000 hectares de bois et 37,075 hectares de terres en culture, dont le produit annuel est d'environ 13,800,000 francs.

La population est de 20,000 blancs, 11,500 gens libres et 66,000 esclaves; en tout 97,500 habitans.

Sainte-Marie, par 16° 20′ de latitude S. et 47° 40′ de longitude O. Cette île touche à celle de Madagascar; le climat en est chaud et humide; le sol est fertile.

Fouhliepointe et Tamatave, dans l'île de Mada-gascar.

Alger.—Le territoire de ce royaume, dont une portion seulement est occupée par les Français, s'étend depuis Bugia jusqu'à Tunis. La ville d'Alger compte 22,000 habitans, non compris la garnison.

Le nombre des esclaves de toutes les colonies françaises s'élève à 270,000.

L'EMPIRE FRANÇAIS EN 1808.

SON ÉTENDUE.

L'empire français, en 1808, était le plus bel empire de l'Europe et le plus florissant : son étendue était vaste; il renfermait quantité de pays qui, par suite de divers traités, avaient été réunis successivement à la France.

Ces pays étaient :

1° Au Nord.—La Flandre autrichienne, comprenant le duché de Brabant, capitale Bruxelles; le duché de Luxembourg et celui de Limbourg; le comté de Flandre, capitale Gand; celui de Hainaut, capitale Mons, et celui de Namur; la Flandre hollandaise, où sont : l'Écluse, Axel, etc.; et sur la rive gauche du Rhin : Aix-la-Chapelle, Cologne, Coblentz, Trèves, Mayence, Spire, etc.; la Hollande que Napoléon avait érigée en royaume en 1806, en faveur de son frère Louis-Napoléon Bonaparte, et qu'il avait ensuite réunie à l'empire.

2° A l'Est.—Mulhausen, Montbéliard, Genève, la Savoie, capitale Chambéry.

3° Au Sud-Est.—L'état d'Avignon; le comté de Nice; la principauté de Monaco; le Piémont, capitale Turin, et la république de Gênes.

Telle était l'étendue de l'empire français; mais la domination de l'empereur Napoléon s'étendait encore plus loin, car ayant érigé en 1805 un royaume en Italie, dont la capitale était Milan, il en fut couronné le premier roi le 26 mai de la même année, et le prince Eugène de Beauharnais, fils de l'impératrice Joséphine, en fut le vice-roi..... Napoléon avait fait reconnaître cet état sous le nom de république Cisalpine au traité de Campo-Formio : l'ayant rétabli après la victoire de Marengo, il en avait été élu président par le consulat de Lyon en 1801 et lui avait donné le nom de République Italienne. La Dalmatie et la république de Raguse, au-delà de la mer Adriatique, faisaient partie du royaume d'Italie.

Le royaume d'Étrurie, formé du Florentin, du Pisan et du Siennois, passa aussi sous le gouvernement français, au mois de décembre 1807, en vertu d'une convention entre l'empereur des Français et le roi d'Espagne. La reine d'Étrurie fut, par l'effet de la même convention, appelée à gouverner d'autres états. Florence, Pise, Livourne, Sienne étaient les villes principales de ce royaume créé par Napoléon.

Royaumes érigés par l'empereur Napoléon.

1° Le royaume d'Italie, en 1805.

2° Le royaume de Bavière, en 1806.

3° Le royaume de Wurtemberg, en 1806.

4° Le royaume de Saxe, en 1806.

5° Le royaume de Hollande, en 1806.

6° Le royaume de Westphalie, en 1806.

7° Le royaume d'Étrurie, en 1807.

Fin.

TABLE.

———

———

CALAIS. — IMPRIMERIE A. LELEUX.

www.ingramcontent.com/pod-product-compliance
Lightning Source LLC
LaVergne TN
LVHW051505090426
835512LV00010B/2350